30 TECHNIQUES (VRAIMENT) EFFICACES POUR ÉCONOMISER DE L'ARGENT

MÉLANIE FRANK

Mélanie Frank, s'intéresse depuis de nombreuses années à comment économiser de l'argent. En voyant de nombreuses personnes économiser des grandes sommes d'argent avec un petit salaire, elle s'est intéressée à comment cela est possible. Elle a finalement suivi des formations et chercher des techniques pour économiser plusieurs milliers d'euros supplémentaires par an. Avec ce livre, vous serez également capable d'économiser des sommes considérables d'argent.

Tous droits de reproduction, de traduction et d'adaptation reservés pour tous pays.

Table Des Matières

EN GUISE D'INTRODUCTION 1

ÊTRE MINIMALISTE 5

DÉPENSER MOINS 13

ÉCONOMISER À LA MAISON 27

CHANGER SON COMPORTEMENT 35

CRÉER UN BUDGET 43

TECHNIQUES À APPLIQUER IMMÉDIATEMENT POUR ÉCONOMISER SON ARGENT 47

30 Techniques (Vraiment) Efficaces Pour Économiser De L'argent

EN GUISE D'INTRODUCTION

30 Techniques (Vraiment) Efficaces Pour Économiser De L'argent

Face à l'inflation croissante depuis de nombreuses années, vous dépensez de plus en plus quotidiennement pour subvenir à vos besoins. Vous avez des difficultés à mettre de l'argent de côté à la fin de mois ou êtes souvent en négatif sur votre compte, en pensant que cela est du à votre salaire, qui ne permet pas de subvenir à vos besoins. Une grande partie de la population termine le mois en négatif ou est incapable d'économiser chaque mois et cela provient le plus souvent d'une mauvaise gestion de budget. Dans ce manuel, vous allez apprendre à économiser de l'argent à travers quatre manières différentes. Nous allons tout d'abord voir le concept du minimalisme, utilisé par des millionnaires pour se concentrer sur ce qu'il y a de primordial et éviter de posséder trop de choses, puis nous verrons en deuxième partie comment dépenser moins quotidiennement sans se priver. En troisième partie, nous analyserons les techniques simples pour

… 30 Techniques (Vraiment) Efficaces Pour Économiser De L'argent

économiser à la maison, puis finirons par vous prouver qu'en changeant votre vision face à l'argent, vous serez capable de réaliser de véritables économies.

30 Techniques (Vraiment) Efficaces Pour Économiser De L'argent

30 Techniques (Vraiment) Efficaces Pour Économiser De L'argent

ÊTRE MINIMALISTE

30 Techniques (Vraiment) Efficaces Pour Économiser De L'argent

Pour mieux comprendre ce principe, nous allons nous interroger dans un premier temps sur qu'est-ce que le minimalisme ? Le minimalisme provient du mot latin « minimum » qui signifie : peu de choses. En fait, c'est un concept qui consiste à ne posséder qu'un minimum de chose pour se concentrer sur ce que l'on possède déjà. À travers ce concept, on ne possèdera plus des affaires en doubles ou inutilisées, mais seulement des affaires essentielles. Le minimalisme permettrait de se séparer d'encombrement psychologique. En fait, si vous posséder moins, vous n'allez pas devoir faire des choix impossibles entre par exemple plusieurs habits, plusieurs chaussures chaque jour et vous gagnerez du temps. Nous allons voir plusieurs aspects du minimalisme permettant d'économiser des sommes d'argent considérables.

30 Techniques (Vraiment) Efficaces Pour Économiser De L'argent

1. **Acheter peu d'habits et de bonne qualité.** Les millionnaires très connus, tel que Steve Jobs par exemple, ne possédaient qu'un seul type de tenue vestimentaire qu'il portait tous les jours, pour éviter les dépenses inutiles et éviter de faire des choix difficiles chaque matin, car il jugeait que l'importance de sa journée se situait plutôt dans ses business. On peut en tirer des conclusions, car on a tendance à penser que les personnes riches aiment avoir un certain nombre d'habits et de marque, alors que ce n'est souvent pas le cas. Il est préférable d'acheter peu d'habits, car les habits sont une dépense considérable. Les modes évoluent et nous souhaitons être à la mode, mais être constamment à la mode nécessite un budget conséquent. Il est plus intéressant de prendre peu d'habits et de bonne qualité, dans l'optique de les conserver plus longtemps.

2. **Vendre un maximum de ses affaires chez soi, qui ne sont pas utiles ou en doubles.** Avec les années, on a tendance à accumuler beaucoup de choses chez soi. Nombreuses sont les personnes qui possèdent des choses, dont elles n'ont plus réellement le besoin. Pourtant de plus en plus de personnes cherchent à acheter des objets en seconde main pour effectuer des économies. Avec les nombreux sites d'occasions existants aujourd'hui, il est possible de vendre facilement ses affaires à des particuliers. Nous sous-estimons la valeur de nos affaires, mais nous avons toujours la possibilité de gagner un peu d'argent en les vendant, ce qui permettra de nous faire un petit revenu complémentaire à la fin du mois. Par exemple, sur le site « leboncoin » il est possible de vendre tout type d'affaires, sur l'application « vinted « des habits, sur l'application « momox » des livres et il existe une multitude d'autres sites pour tout type de vente.

3. **Éviter les centres commerciaux.** Les centres commerciaux sont très appréciés de la population, car ils possèdent un rassemblement de plusieurs magasins et évitent de devoir se rendre dans plusieurs lieux pour trouver chaque magasin. Effectivement cela peut être pratique, mais le principal piège de ces structures est que les consommateurs ont tendance à acheter plus de choses que prévues. Sans compter les snacks et restaurants présents qui donnent une tentation à la consommation. Nous avons vu que le minimaliste essaie de se concentrer su l'essentiel, ainsi il évitera les centres commerciaux. Face aux nombres de magasins divers, il est difficile de ne pas céder à la tentation d'aller dans un magasin ou manger dans un snack, alors que l'on se rendait au magasin pour chercher un pantalon ou de l'électroménager par exemple. Ainsi il est préférable d'aller dans un magasin précis, plutôt que d'aller dans un centre commercial, qui nous fera acheter plus que nécessaire.

4. **Ne pas acheter des produits derniers cris.** Les produits dernier cri constituent un attrait pour la plupart des personnes, car ils proposent toujours de nouvelles fonctionnalités. Ces nouvelles fonctionnalités sont définies par les vendeurs comme des fonctionnalités innovatrices, qui vont changer notre mode de vie. En fait, il y aura toujours des améliorations sur des produits pour susciter l'achat, mais est-ce vraiment nécessaire de dépenser de l'argent pour posséder une fonctionnalité en plus ? Souvent ce n'est pas vraiment nécessaire, mais c'est plutôt le souhait de suivre l'effet de mode. Cet exemple fonctionne également pour le téléphone. Certains téléphones valent un salaire et les consommateurs sont prêts à sacrifier un salaire pour se payer le dernier téléphone, quitte à avoir des difficultés financières. Il faudrait idéalement conserver le téléphone tant qu'il fonctionne, plutôt que de dépenser des centaines d'euros pour en racheter un nouveau.

5. **Prendre soin de ses affaires.** Prendre soin de ses affaires est important, car cela permet de les conserver plus longtemps. Malheureusement les objets électroniques et l'électroménager tiennent de moins en moins longtemps depuis quelques années, mais un entretien régulier permet d'allonger leur durée de vie. En prenant soin de ses affaires, par exemple pour un téléphone portable : mettre une coque et une vitre, cela évitera qu'il se casse et qu'il engendre des coûts supplémentaires. Pour ce qui est de la machine à laver, il faut effectuer des cycles de nettoyage régulier qui permettent à la machine de ne pas accumuler des particules, qui risqueront à long terme de boucher la machine à laver. Pour se faire, il s'agit simplement de faire tourner un cycle avec du vinaigre blanc dans le tambour. Le vinaigre blanc permettra de nettoyer en profondeur la machine. Pour ce qui est des véhicules, de nombreuses réparations pourront être évités si un entretien régulier est effectué : gonflage de pneus, niveau des liquides.

30 Techniques (Vraiment) Efficaces Pour Économiser De L'argent

30 Techniques (Vraiment) Efficaces Pour Économiser De L'argent

DÉPENSER MOINS

30 Techniques (Vraiment) Efficaces Pour Économiser De L'argent

Pour économiser de l'argent, il faut tout d'abord être moins dépensier. Quelque soit le salaire que vous gagnez, si vous dépensez une grande partie de celui-ci, il vous faudra commencer par être moins dépensier pour avoir un reste d'argent en fin de mois. Pour faire simple, pour épargner, il faut dépenser moins que ce que l'on gagne.

1. **Profiter des bons plans.** Il existe de nombreux bons plans pour réaliser des économies. Pour cela, il faut faire ses propres recherches avant d'acheter un produit. Sur internet il est facile de faire ses recherches, car il existe de nombreux comparateur de prix. Il suffit de chercher dans le moteur de recherche un comparateur de prix. Ensuite, vous aurez à indiquer le produit que vous souhaitez comparer et vous aurez différents sites marchants qui s'afficheront avec les prix. Il est préférable de prendre du temps pour économiser quelques

dizaines ou centaines d'euros, car l'argent économisé pourra être épargné et/ou investi.

En dehors des comparateurs, ils existent des codes promos pour commander sur certains sites. Il est souvent possible d'économiser jusqu'à 15% sur des sites de chaussures par exemple. Lors du paiement certains sites vous demande si vous posséder un code promo. Vous pouvez chercher ce code promo simplement dans le moteur de recherche, en tapant « le nom du site code promo » et vous allez être dirigé sur des sites qui proposeront des codes promos ajoutés par des utilisateurs que vous pourrez utiliser lors du paiement pour obtenir une réduction.

Lors des courses au supermarché, il y a parfois des promotions à ne pas manquer. C'est le cas par exemple pour des produits frais, dont la date de péremption est proche, les magasins les mettent à des prix peu élevés pour éviter de jeter les produits. Aussi, il y a parfois des lots de plusieurs produits à prix avantageux, mais il faut toujours se méfier et regarder si le produit à l'unité n'est pas moins cher sans l'achat du lot.

2. **Faire sa liste de course avant et s'y tenir.** Cela peut vous paraître être une astuce simple, mais pourtant il est très difficile d'aller aux courses et d'acheter vraiment ce qu'on a besoin. On a plutôt tendance à regarder beaucoup plus de rayons que nécessaire et finalement à dépenser plus que prévu. Il est déjà arrivé à chacun de trainer dans des rayons aux courses et de sortir finalement avec un ticket de caisse beaucoup plus élevé que ce qui était prévu au départ. L'astuce consiste à faire une liste de course avant de se rendre au supermarché et de se rendre uniquement dans les rayons où se situent les produits et ainsi acheter uniquement ce qui se situe sur la liste. Ainsi, aucun achat supplémentaire ne sera effectué.

3. **Faire ses courses au drive.** De plus en plus de supermarché proposent de commander ses produits sur le site du supermarché et de venir récupérer ses produits à une borne devant le magasin. Ceci permet d'acheter sur le site, seulement ce qui est nécessaire et empêche la tentation d'autres produits lorsqu'on se rend sur place. De plus, le drive vous fera gagner du temps, car vous n'allez pas perdre de temps en cherchant vos produits dans les rayons, car il y a une recherche possible par produit sur le site. Vous aurez juste à récupérer votre commande au niveau du drive du supermarché.

4. **Comparer les prix sur place au supermarché.** Il est très important de sélectionner les produits les moins chers et de qualité. Certaines marques coûtent plus du double par rapport à un autre produit, alors que la composition est la même. Les marques du magasin, souvent appelées « sous-marque » ne sont pas un gage de qualité, car elles sont souvent fabriquées par des marques et vendues

sans le logo de la marque, mais avec celui du magasin. Ainsi en achetant les sous-marques vous allez réaliser de véritables économies. Les quantités des produits sont parfois réduites et dans le même emballage, ainsi vous avez l'impression que le prix est moins cher, mais il n'y a pas la même quantité. Pour ne pas tomber dans ce piège, nous vous conseillons de regarder les prix au litre et au kilo et non pas le prix affiché pour le produit.

5. **Limiter les trajets pour aller aux courses.** Si le trajet ne se situe pas sur votre retour de travail ou sur un trajet quotidien et que vous devez vous déplacer exprès pour vous rendre aux courses, alors il faut limiter au possible les trajets, car chaque trajet vous coûtera du carburant et du temps. Donc, si vous avez une certaine distance pour vous rendre aux courses, il vaut mieux prévoir de faire les courses par exemple toutes les deux semaines pour éviter les aller-retour.

6. **Comparer les prix du carburant.** Face au prix du carburant en constante augmentation, il est important de comparer les prix à travers de nombreux sites ou applications, qui permettent de vous renseigner ou le carburant est moins cher à proximité de votre lieu de vie. Ainsi vous pouvez réaliser des économies sur le litre de carburant, qui va vous permettre d'économiser plusieurs dizaine d'euros sur un plein.

7. **Covoiturer, utiliser les transports en commun.** Les trajets en voiture sont souvent plus chers que les transports en commun pour des petites distances et également moins écologiques. Ils sont même parfois plus rapides, car ils ont des voies dédiées sur la route. Il est ainsi plus intéressant selon le trajet d'utiliser ce moyen de transport. Le covoiturage est aussi une solution pour économiser de l'argent et limiter la pollution. Pourquoi ne pas effectuer le trajet avec d'autres personnes lorsque vous allez au même endroit ? Ou bien peut-être

avec des collègues de travail pour vous rendre au bureau ?

8. **Habiter proche de son lieu de travail.** Lorsque l'on réalise beaucoup de kilomètre pour se rendre à son lieu de travail, il faut faire le calcul pour se rendre compte à combien nous reviennent les déplacements et se poser la question de travailler peut-être à un endroit plus proche pour gagner un peu moins. Certaines personnes prennent par exemple la décision de travailler un peu plus loin que leur village, car le salaire y est plus attractif, mais elles ne tiennent pas compte dans leurs calculs du coût du déplacement en essence ou gasoil qui sera soustrait d'une partie du salaire. Ainsi, habiter proche de son lieu de travail peut être avantageux, du fait des frais de déplacements qui seront moindres.

9. **Eviter le distributeur à café.** Certaines entreprises possèdent un distributeur à café et les employés adorent prendre le café du matin ou y faire leur pause, qui est plus ou moins régulière selon l'employé. Ils ne tiennent pas compte de cette dépense, car elle est à moindre coût. Le coût d'un café n'est certes pas excessif, mais c'est sur une longue période que nous allons nous rendre compte de ses coûts. Prenons l'exemple sur une année : disons qu'un café coûte 2€ et que vous prenez ce café une fois par jour au travail. Ceci vous reviendra à 10€ pour une semaine et 40€ pour un mois. Sur une année par contre, la somme totale serait de 480€. Et ceci, sachant que certaines personnes prennent plusieurs cafés par jour. Avec 480€, vous pouvez déjà vous payer un beau séjour au soleil ! Pour palier à cette consommation, il serait préférable de préparer son propre café et de l'emmener à son travail dans un récipient dédié. Votre café vous coûtera bien moins cher qu'à la machine à café.

10. Se préparer ses repas de midi et de la semaine.

Le prix des restaurants et des snacks a augmenté depuis des années et si vous prenez tous les midis et/ou tous les soirs un repas à emporter ou manger au restaurant le coût peut devenir considérable. Il n'est pas rare en entreprise de manger tous les repas de midi au restaurant entre collègue. Mais tout ceci à un coup. Faisons le calcul. Vous prenez un repas à 10€ à midi chaque jour. En faisant cela cinq fois par semaine vous arrivez à un total de 50€ pour une semaine et 200€ pour un mois. À la fin de l'année vous aurez une dépense de 2400€ supplémentaire pour vos repas. Cette somme est considérable ; c'est en général un budget familial pour partir en vacances ! Pour éviter de dépenser cette somme, il est possible de préparer ses repas à l'avance la veille pour son repas du midi, comme des salades, des plats à réchauffer au travail, des sandwichs.

Pour le repas du soir, il arrive parfois de sortir du travail en ayant faim et en se disant que l'on va acheter quelque chose à emporter pour éviter de devoir se préparer à manger en rentrant. Tant que ceci reste occasionnel, cela n'est pas un problème, mais lorsque cette envie nous prend quotidiennement, il faut trouver une solution alternative pour économiser de l'argent. Si vous n'avez pas la motivation ou l'envie de vous faire à manger le soir après le travail, vous pouvez très bien préparer vos repas le Dimanche soir pour quelques soirs de la semaine ou pour toute la semaine. Ainsi, vous ne cèderez pas à la tentation d'acheter un repas rapide, car des plats déjà prêts vous attendent chez vous. Ce type de dépense peut-être une vraie économie sur le long terme.

11. **Pas d'addictions.** Les addictions reviennent chères, d'autant plus si elles sont consommées régulièrement. C'est le cas de l'alcool ou de la cigarette, qui par exemple entraîne une réelle

dépense. Il existe des applications ou des sites pour vous rendre compte de vos dépenses annuelles en cigarettes. Ces outils permettent de voir les dépenses évoluer sur plusieurs mois, plusieurs années. Vous pouvez aussi télécharger des applications pour arrêter de fumer qui vont vous montrer différentes valeurs suite à votre arrêt de fumer pour vous motiver. On y trouve par exemple : le nombre de cigarettes non fumées et les économies réalisées depuis l'arrêt de la cigarette. Ceci peut être intéressant pour obtenir un visuel des économies réalisées.

12. Éviter le cinéma. Le cinéma est très apprécié pour regarder un film et se détendre à l'extérieur de chez soi. Mais cette sortie a un coup souvent minimisé. Aller au cinéma peut pour certaines personnes être associé à manger du pop corn, boire un soda ou encore manger une glace. Finalement le prix de la séance vous reviendra plus cher. C'est pour cela qu'il vaut mieux louer des films de temps en temps par exemple sur internet, car cela est de plus en plus accessible de nos jours. Puis brancher votre ordinateur à la télévision et regarder votre film. Pour ce qui est du pop corn, des bonbons et du soda vous pourrez en acheter au supermarché, cela vous reviendra moins cher qu'au cinéma.

30 Techniques (Vraiment) Efficaces Pour Économiser De L'argent

ÉCONOMISER À LA MAISON

30 Techniques (Vraiment) Efficaces Pour Économiser De L'argent

À la maison, il existe des possibilités d'économiser. Ces possibilités sont souvent méconnues, mais malgré cela elles n'en sont pas moins efficaces. Que ce soit pour manger, boire ou réaliser l'entretien chez soi, nous avons la possibilité d'utiliser plusieurs astuces.

1. **Optimiser ses produits et fabriquer ses propres produits de ménage.** Le produit lave-vaisselle ou le produit pour se laver les mains sont très concentrés. On peut quasiment doubler la quantité du produit en y ajoutant de l'eau à l'intérieur. Le produit sera moins concentré et durera plus longtemps pour un effet de nettoyage similaire. Il est également possible de fabriquer simplement ses propres produits de nettoyage. Le vinaigre blanc constitue une base pour de nombreux produits d'entretien. On peut réaliser le nettoyage du lave vaisselle ou d'une machine à laver pour justement prolonger sa durée de vie et raréfier les survenues

de panne. Pour se faire, nous sélectionnons des cycles de lavage avec un demi-verre de vinaigre blanc dans la machine à laver ou le lave vaisselle. Pour le nettoyage des sols, nous pouvons diluer un demi verre de vinaigre blanc avec de l'eau à la place de la javel. En effet, le vinaigre blanc a des propriétés nettoyantes et permet d'enlever les mauvaises odeurs. Il reste plus naturel que l'eau de javel et en conséquence moins nocif. Pour ce qui est du lave-vaisselle, on peut facilement fabriquer nos propres tablettes de lave vaisselle. On mélange 100 grammes de cristaux de soude avec 75 grammes de sel et 75 grammes de bicarbonate de soude dans un grand saladier. On rajoute un peu d'eau de sorte à ce que l'on puisse former des carrés solides avec les produits. On met ensuite le mélange dans des petits bacs à glaçons à température ambiante. Ensuite on laisse reposer deux heures jusqu'à ce que les carrés deviennent solides, puis on pourra mettre les tablettes dans un bocal pour les conserver.

2. **Éviter la viande à chaque repas.** La viande constitue un budget important si elle est consommée à chaque repas. Il est facilement possible de remplacer la viande par d'autres sources de protéines : lentilles vertes, les oeufs, les produits laitiers, les céréales, qui reviendront moins chères.

3. **Créer son propre potager.** Si vous habitez dans une maison avec un jardin, alors il serait dommage de ne pas penser à créer votre propre potager, car vous pourriez manger des fruits et légumes, dont vous connaissez l'origine et de plus éviter de dépenser de l'argent pour les acheter. Si vous n'avez pas de jardin, vous pouvez planter dans des pots sur votre terrasse, où à l'intérieur de l'appartement. Il existe de nombreuses vidéos sur Youtube par exemple pour montrer comment se créer des ressources de fruits et légumes en appartement. Aussi, si votre objectif devient plus

important en terme de jardin, vous pouvez essayer d'être auto-suffisant, ce qui signifie que vous serez autonome en ressources alimentaires et enn énergie pour alimenter la maison.

4. **Congeler des fruits et légumes de saison.** Il est financièrement plus avantageux d'acheter des fruits et légumes de saison, car ils seront moins chers que hors saison. Malheureusement il n'est pas possible d'avoir des fruits de saison toute l'année. Une astuce consiste à acheter des légumes de saison et les congeler ensuite. Avec les tomates vous pouvez faire votre propre sauce tomate et la congeler ou découper en morceau des légumes avant de les mettre au congélateur pour les conserver.

5. **Boire l'eau du robinet.** Cela peut sembler être une astuce simple, mais nombreuses sont les personnes qui ne pensent pas à le faire et achètent des bouteilles d'eau au supermarché. Effectivement acheter une bouteille d'eau ne sera pas trop cher,

mais en effectuant le calcul sur un an, on se rend compte que les bouteilles d'eau représentent un budget important. Prenons un exemple : une bouteille d'eau qui coûte 1€ le litre, vous en acheter pour une famille entre 6 et 12 par semaine, en un an vous aurez dépensé entre 288€ et 576€. C'est une somme remarquable qui peut être économisée. Vous allez pouvoir épargner entre 24 et 48€ en plus par mois en réduisant cette dépense.

6. **Vider les produits avant d'en acheter des nouveaux.** Vous possédez déjà du savon chez vous, mais vous trouvez un savon avec une odeur qui vous plaît. Vous l'achetez alors que vous en possédez déjà un. Finalement, vous vous retrouvez avec deux savons à la maison, alors qu'un seul aurait suffit, sachant qu'il vous en restait. Il faut essayer au maximum de ne pas acheter des nouveaux produits, tant que les vôtres ne sont pas vides. De ce fait, vous allez vous contenter d'un minimum de produits et ne pas réaliser des

dépenses inutiles, car il n'est pas rare d'acheter un nouveau savon et de laisser l'ancien savon de côté alors qu'il peut encore être utilisé.

30 Techniques (Vraiment) Efficaces Pour Économiser De L'argent

CHANGER SON COMPORTEMENT

30 Techniques (Vraiment) Efficaces Pour Économiser De L'argent

Il existe de nombreuses techniques pour économiser son argent, qui fonctionnent, mais si vous ne changer pas votre manière de penser, vous n'arriverez pas à réaliser des économies. Peu de gens reçoivent une éducation financière et savent gérer leur argent de manière structurée. En effet, de nombreux Français terminent le mois dans le rouge et avouent que ceci provient d'une mauvaise gestion du budget. Dans cette partie nous allons voir comment en changeant son comportement nous pouvons gagner de l'argent.

1. **Ne pas vivre au dessus de ses moyens.** Les personnes qui sont dans la classe moyenne, ont tendance à dépenser de l'argent pour essayer de montrer qu'ils sont riches ou qu'ils ont les moyens de s'acheter une multitude de choses. Les riches au contraire n'achètent pas des objets de valeurs, car ils savent que ces objets leur font perdre de l'argent. Ils préfèrent investir leur argent plutôt que

la dépenser et en perdre. Souvent leurs habits ne coûtent pas très cher, mais sont fonctionnels. Ils favorisent les dépenses d'argent dans les éléments qui vont prendre de la valeur et non en perdre.

2. **Vendre des affaires avant d'en acheter.** Une technique très intéressante, mais pourtant peu connue, consiste à essayer de vendre des affaires, dont on n'a plus l'utilité sur des sites de revente d'occasion : leboncoin, vinted, pour ainsi gagner un peu d'argent et se permettre d'acheter de nouvelles affaires. On peut par exemple se fixer une règle, où l'on décide de ne rien acheter, tant que l'on a rien vendu. Ainsi cela limitera les achats compulsifs et vous permettra de gagner de l'argent de par vos ventes.

3. **Rembourser ses dettes.** Rembourser ses dettes devrait être notre priorité. Il ne faut pas dépenser son argent inutilement tant que nos dettes n'ont pas été remboursées, car vous allez uniquement

accumuler des dettes, qui peuvent entraîner des frais. Elles sont aussi un poids psychologique, qui nous inquiète et nous empêche de travailler pour pouvoir mettre de l'argent de côté et nous force plutôt à rembourser ses dues. Vous travaillez, mais ne gagnez pas réellement d'argent pour vous, mais pour vos dettes. Votre premier objectif est de vous en débarrassez pour pouvoir ensuite profiter de son argent pleinement pour d'autres projets personnels.

4. **Réfléchir de l'intérêt réel de ce que l'on souhaite acheter.** Il est souvent dit, qu'il vaut mieux réfléchir à deux fois avant de s'acheter quelque chose. Certains disent même qu'il faut réfléchir plusieurs mois pour être sûr que l'on souhaite vraiment acheter ceci. En effet, beaucoup d'achats sont impulsifs et le fait d'y réfléchir permet de les éviter. Une autre technique pour éviter les dépenses est une manière de se rendre compte du travail qu'on doit accomplir pour se payer ce que l'on souhaite : admettons on souhaite s'acheter la

dernière télévision qui vient de sortir, on calcule alors en fonction de son prix combien d'heure de travail cela représente. Ainsi, on se rendra compte de la charge de travail nécessaire pour acheter cet objet.

5. **Avoir plusieurs comptes bancaires et réaliser un virement automatique pour l'épargne**. Il est préférable de posséder plusieurs comptes pour mieux gérer ses dépenses. Certaines personnes disposent d'un compte uniquement pour les courses, un autre uniquement pour les loisirs, un pour l'épargne. Il est intéressant d'avoir plusieurs comptes à disposition, car cela permet de bien séparer son argent pour éviter de la dépenser. On a la possibilité d'ouvrir plusieurs comptes, notamment des comptes pour l'épargne qui rapportent un certain pourcentage d'intérêt chaque année, comme le livret A par exemple. Il est préférable de mettre en place des virements automatiques pour ne pas utiliser son argent d'une

autre manière. De cette manière vous allez être sûr d'économiser de l'argent, puisque l'argent ira en automatique sur ce compte.

6. **Sortir plutôt avec du liquide et non sa carte bancaire.** En effet, avec la carte bancaire, on se rend moins compte des dépenses effectuées, d'autant plus avec le « paiement sans contact » qui a facilité les paiements ces dernières années de par sa rapidité. Mais c'est un piège, car plus le paiement est rapide, moins on se rend compte de la somme dépensée. Au contraire, avec de l'argent liquide, on paie avec des billets que l'on peut quantifier et ainsi on se rend plus compte de la somme que l'on dépense. On peut ainsi décider de dépenser une certaine somme en liquide en se fixant un budget à ne pas dépenser dans la journée. Ainsi on ne fera pas d'achat supplémentaires, car on ne possèdera pas plus du budget que l'on s'est fixé.

7. **Ne pas acheter de voitures chères**. Une voiture chère présente des dépenses conséquentes, de part l'assurance et la valeur qu'elle perd au fil des années. De nombreuses personnes riches connues, ne possèdent pas de voitures chères, car ils trouvent la perte de valeur inintéressante. Ainsi, il trouve que l'investissement n'en vaut pas la peine et qu'il vaut mieux investir dans des biens qui augmentent au fil du temps. Une voiture à 5.000 - 10.000 € permettra de garder de l'argent de côté pour épargner, plutôt que de l'argent investi dans un véhicule, qui diminuera de valeur au fil des années. Emprunter pour acheter une voiture est également à proscrire, car ce n'est pas valable d'investir sur un bien qui perd de l'argent.

30 Techniques (Vraiment) Efficaces Pour Économiser De L'argent

CRÉER UN BUDGET

30 Techniques (Vraiment) Efficaces Pour Économiser De L'argent

Nous avons vu dans le chapitre précédent 30 façons d'économiser au quotidien. Toutes ces techniques peuvent être appliquées de manière simple quotidiennement pour économiser des sommes importantes sur la durée. Pour que ces techniques soient efficaces, elles doivent être associées à la création d'un budget. En effet sans la création d'un budget, il est difficile de pouvoir contrôler ses entrées et sorties d'argent. En fin de compte, il faudrait avoir un aperçu clair de l'argent gagné et la répartition de celle-ci dans chaque dépense tous les mois. Ainsi, il faudrait créer un budget avec d'une part les dépenses : fixes et variables et d'autre part les entrées d'argent : salaire, rente, aide. Pour se faire on sépare les dépenses comme ceci :

30 Techniques (Vraiment) Efficaces Pour Économiser De L'argent

- Dépenses fixes : Loyer, crédit, abonnement internet ou téléphonie, assurance voiture, assurance habitation, mutuelle, cotisations mensuelles de la carte bancaire, prélèvement à la source des impôts.
- Dépenses variables : sorties, voyage, transports occasionnels, restaurant, shopping.

Les dépenses fixes étant des charges qui restent la même somme chaque mois, tandis que les dépenses variables sont des dépenses, dont la somme peut varier chaque mois. Dans chaque sous-catégorie de ces dépenses, nous allons écrire la valeur qui correspond, puis nous effectuerons un total pour les dépenses variables et un pour les dépenses fixes. Après cela, nous calculons le total des dépenses en additionnant les deux sommes et nous obtenons le résultat des sorties d'argent. Nous allons également calculer toutes les entrées d'argent : salaire, rente, vente… Puis de ce budget nous allons pouvoir décider quelle somme sera épargnée chaque mois et quelle somme restera après toutes les dépenses.

30 Techniques (Vraiment) Efficaces Pour Économiser De L'argent

La création de budget permet effectivement une excellente gestion de son argent. Une fois que celle-ci est crée, l'objectif reste de réduire ce budget point par point en analysant ses dépenses.

TECHNIQUES À APPLIQUER IMMÉDIATEMENT POUR ÉCONOMISER SON ARGENT

30 Techniques (Vraiment) Efficaces Pour Économiser De L'argent

Nous avons vu des astuces permettant d'économiser au quotidien dans différents domaines et nous allons voir 3 techniques à appliquer en plus pour faciliter les économies. Ces techniques sont intéressantes pour ceux qui ont des difficultés à épargner chaque mois, mais également pour ceux qui souhaitent mieux gérer leur budget pour épargner.

1. **La technique du 1€ économisé.** Il y a deux façons de le faire. La première solution consiste à épargner 1€ par jour et à mettre cette somme sur un compte ou dans une tirelire. À la fin de l'année vous obtiendrez 365€.

La deuxième solution consiste à mettre de côté chaque semaine 1€ en plus par rapport à la semaine précédente. La première semaine il s'agira de 1€, la deuxième semaine 1+1, donc 2€, la troisième semaine 3€, le quatrième semaine 4€ et ainsi de suite jusqu'à la 52e semaine. À la fin de l'année vous aurez 1378€ de côté.

2. **La règle des 50-20-30.** Cette règle est une technique permettant de répartir son argent dans ses dépenses. En fait, ces chiffres représentent des pourcentages de votre salaire. Dans cette règle, 50% doit être utilisé pour les besoins fixes auxquels on ne peut échapper (loyer, eau, internet), 30% pour les loisirs et envies (restaurant, cinéma, sorties) et 20% pour l'épargne et investissement.

3. **Réfléchir à ce que vous allez faire de votre salaire avant de le recevoir.** Une technique qui fonctionne et peut-être utilisée facilement consiste à écrire ce que nous allons faire de notre salaire avant de le recevoir. Par exemple si l'on gagne 2000€, on peut se dire que 1000€ sera alloué pour les dépenses loyer, électricité et charges fixes, 200€ pour les courses du mois, 200€ pour les loisirs et le reste en épargne. Ainsi, si on réfléchit à la manière, dont on va dépenser son argent avant de le recevoir, cela limitera les achats compulsifs ou inutiles puisque chaque somme d'argent sera déjà définie pour une dépense.

Imprimé par AMAZON KDP

Septembre 2022

© Mélanie Frank

www.ingramcontent.com/pod-product-compliance
Lightning Source LLC
Chambersburg PA
CBHW050310220526
45465CB00005B/1932